名作マンガ100でわかる！ ここがスゴイよ！ニッポンの文化大図鑑 全5巻内容

1 芸をみがく・演じる
巻頭インタビュー　野村萬斎さん

歌舞伎（ぴんとこな）/ **能**（夢幻花伝）/ **狂言**（しなやかに傷ついて）/ **和太鼓**（和太鼓†ガールズ）/ **三味線**（ましろのおと）/ **和楽器**（なでしこドレミソラ）/ **雅楽**（王の庭）/ **人形浄瑠璃**（火色の文楽）/ **芸妓・舞妓**（紅匂ふ）/ **獅子舞**（ししまいガール）/ **宝塚**（すみれの花咲くガールズ）/ **アイドル**（Cue）

2 競う・きたえる
巻頭インタビュー　井上康生さん

相撲（ああ播磨灘）/ **柔道**（帯をギュッとね！）/ **剣道**（しっぷうどとう）/ **空手**（ハンザスカイ）/ **弓道**（ひらひらひゅ〜ん）/ **少林寺拳法**（オッス！少林寺）/ **なぎなた**（あさひなぐ）/ **侍・武士**（バガボンド）/ **忍者**（闇月夜行）/ **将棋**（ナイトぼっち）/ **囲碁**（天地明察）/ **競技かるた**（ちはやふる）

3 学ぶ・たしなむ
巻頭インタビュー　紫舟さん

茶道（ケッコーなお手前です。）/ **書道**（とめはねっ！鈴里高校書道部）/ **華道**（ギャル華道）/ **和服**（きものがたり）/ **和歌**（超訳百人一首 うた恋い。）/ **源氏物語**（あさきゆめみし）/ **俳句**（あかぼし俳句帖）/ **和算**（和算に恋した少女）/ **日本神話**（ヤマトタケル）/ **神社**（神主さんの日常）/ **仏師**（恋する仏像）/ **寺院**（住職系女子）

JN147625

名作マンガ100でわかる！

ここがスゴイよ！ニッポンの文化大図鑑

2巻 競う・きたえる

ニッポンの文化大図鑑編集委員会・編

日本図書センター

この本の見方

この本では、マンガの登場人物を取り上げ、ストーリーとともに
その人物が取り組む日本文化を紹介します。
各文化の基本知識や、ルーツ・歴史をイラストや写真を使って説明しています。
世界のほかの文化との比較など、よりくわしい情報のページもあるので、
日本文化の魅力を好きなところから楽しくつかんでみましょう。

作品紹介
マンガの作品名と内容を紹介しています。

なんでもデータ
テーマに関する「？」と思うような数字を紹介しています。

どんな文化？
その文化の基本情報をわかりやすく説明しています。

必須アイテム
その文化に必要不可欠なアイテムなどを紹介しています。

ルーツ・歴史ほか
その文化の歴史や由来を示す写真・図版などを紹介しています。

世界から見てみよう
世界の文化と共通する点やちがう点などを紹介しています。

ココが名場面
マンガのストーリーのなかで、その文化のおもしろさがわかるページを紹介しています。

もっと知りたい！
その文化が、現代の私たちのくらしに、どのように根づいているか説明しています。

日本の地域コラム
その文化に特別にかかわっている地域を紹介しています。

世界の地域コラム
その文化が広がっていった国や地域を紹介しています。

関連マンガコラム
その文化に関連するマンガの紹介です。

もくじ

ニッポン文化で輝く！達人からのメッセージ
- **柔道家** 井上康生さん ……………………………… 04

- 相撲（『ああ播磨灘』）……………………………… 06
- 柔道（『帯をギュッとね！』）……………………… 10
- 剣道（『しっぷうどとう』）………………………… 14
- 空手（『ハンザスカイ』）…………………………… 18
- 弓道（『ひらひらひゅ〜ん』）……………………… 22
- 少林寺拳法（『オッス！ 少林寺』）……………… 26
- なぎなた（『あさひなぐ』）………………………… 28
- 侍・武士（『バガボンド』）………………………… 30
- 忍者（『闇月夜行』）………………………………… 34
- 将棋（『ナイトぼっち』）…………………………… 36
- 囲碁（『天地明察』）………………………………… 40
- 競技かるた（『ちはやふる』）……………………… 42

- 総さくいん …………………………………………… 46

関連マンガコラム
- 力士になるための検査（『火ノ丸相撲』）………………………… 09
- 日本柔道は女子も強い！（『JJM 女子柔道部物語』）………… 13
- 女子だって剣道！（『武士道シックスティーン』）……………… 17
- 空手にもある団体戦（『てのひらの熱を』）……………………… 21
- 馬の上から的を射る（『花に染む』）……………………………… 25
- 武士の大行列「参勤交代」（『つらつらわらじ』）……………… 33
- 名人戦にかけた棋士（『月下の棋士』）…………………………… 39
- 国文学科で競技かるた！（『むすめふさほせ』）………………… 45

ニッポン文化で輝く！ 達人からのメッセージ

柔道家 井上康生さん

提供 朝日新聞社

高い技術力と精神性が日本柔道のポイント！

シドニーオリンピック男子柔道100kg級の金メダリスト・井上康生さんに、日本柔道のすばらしさ、2020年東京オリンピックでの見どころをお聞きしました。

Q 日本から世界中に広まった柔道の魅力を教えてください。

A 柔道は、技術を用いて相手を投げたり、寝技でしとめたりすることによって「一本」を決めます。柔道の魅力は何よりもこの「技」にあります。

また、勝ち負けを競うだけではなく、練習や試合に臨む過程で、自分を成長させていくという考え方が基本にあり、それも柔道の魅力の一つです。

私は5歳のときに柔道を始めました。技を身につけるだけでなく、がまんすることを学び、技をつくりあげるために考える、工夫をこらすといった発想力も身につけました。

柔道は1964（昭和39）年の東京大会で、オリンピックの正式種目に加わりました。フェアプレーを重んじ、たがいを尊重しながら技を競うという、オリンピックの理念と柔道の精神は通じるものがあると考えています。

Q 世界各地へ行かれて、あらためて日本柔道がすばらしいと感じたところはありますか？

A これまで試合や指導などで約50の国と地域を訪れました。イギリスに約2年間、

留学もしました。

そこでは日本人の特長がわかりました。繊細な感覚をもち、手先が器用で、柔軟性もある。勤勉で、とても謙虚です。日本の柔道は技術力が非常に高いといわれますが、こうした特長が柔道の技に生かされているからだと思いました。

柔道が世界中に広まったのも、そんな日本人の精神性が反映されているからなのだと感じます。

Q 2020年に東京オリンピックが開催されます。日本柔道のどんなところに注目して見るといいですか?

A まずは、日本人選手の高い技術力です。技の切れ味、寝技を決めるまでの展開などをじっくり見てください。試合の見方に決まりはないので、あなたがおもしろいなと感じるところを、ほかにもぜひ見つけてみてください。

選手のふるまい(礼法)にも注目してください。柔道は相手がいなければ成り立ちません。そのため、相手を敬い、感謝する気持ちを、礼法によって表します。だから試合は「礼に始まり、礼に終わる」のです。

試合に勝ったときも、派手に喜んだりしないこともあります。なんだかおかしいな、と思うかもしれませんが、これも相手を敬う柔道ならではのふるまいなのです。

Q 子どものころ、好きだったマンガはありますか? どんなところが好きでしたか?

A 『北斗の拳』『ドラゴンボール』『キン肉マン』などの、最後は必ず正義が勝つ、というストーリーが好きでした。登場人物が困難にぶつかっても乗り越え、悪をたおしていく姿にあこがれました。

もちろん、柔道を題材にした『柔道部物語』『YAWARA!』なども夢中になって読みました。

柔道に興味をもっているこの本の読者へ、メッセージをお願いします。

日本柔道は、スポーツとして、世界にほこれる結果を出しています。世界で活やくしたいという人がいたら、ぜひ柔道に挑戦してほしいと思います。

つぎに、柔道は人間を形成するために修練する武道です。その過程で、生きていくために必要な経験を積むこともできます。

そして、世界中のどこへ行っても、柔道衣さえあれば友だちができます。世界中に友人がいるということは、世界を知るということです。それぞれの国を知り、身近に感じることは、世界の平和にもつながることだと思います。柔道はこのような国際貢献の役割も担っている日本がほこるべき文化です。

プロフィール
柔道家 井上康生

1978年宮崎県生まれ。5歳で柔道を始め、2000年シドニーオリンピック男子柔道100kg級で金メダルを獲得。2008年現役引退。2012年より柔道全日本男子監督。

選手引退後、イギリスに2年間留学。監督就任後は指導法を見直し、2016年リオデジャネイロオリンピック柔道で男子の全階級をメダル獲得に導いた。

1500年以上の歴史をもつ格闘技
相撲
Sumo

『ああ播磨灘』

さだやす圭／作
講談社
モーニングKC
全28巻
©さだやす圭／講談社

新横綱・播磨灘は、初日の土俵入りで「双葉山※の連勝記録をぬく」「負けたら引退する」と宣言。勢いにのる播磨灘は連勝を続けていく。

※双葉山…昭和初期の横綱。連勝記録は69で今でも破られていない。

3巻より　©さだやす圭／講談社

ココが名場面

「負けたら引退する」と宣言してのぞんだ九月場所の千秋楽。播磨灘は横綱在位7年、優勝22回をほこる太刀風とあたります。ともに14勝無敗、勝ったほうが優勝を決める場面です。
ここまで29連勝中で波にのる播磨灘も、あらゆる手を使って太刀風をたおしにいきます。二人の力と技と意地がぶつかり合う名場面です。

3巻より　©さだやす圭／講談社

相撲なんでもデータ

これ、なんの数字？　32分

取組の最長時間（第二次世界大戦以後）。1951（昭和26）年九月場所の大起対二瀬山戦での記録です。

ニッポン文化再発見！ 相撲ってなに？

相手をおし出すか、たおすと勝ち

相撲は二人の選手（力士）が、俵で囲まれた円（土俵）の中で戦う競技です。相手の足の裏以外を土俵の土につけるか、相手を土俵の外におし出すかすると、勝ちになります。

戦う力士は、まず土俵の真ん中近くで腰を落として顔を見合わせ、準備をします。これを「仕切り」といいます。仕切りの状態から同時に立ち上がり、戦いを始めることを「立合い」といいます。

立合いの直後は体全体でぶつかったり、手でおしたり、ときには相手のバランスをくずすために体をかわしたりします。そこで勝負がつかないときは、まわしを手に取って組み合いながら、相手に対してさまざまな技をくり出します。

技には、「押し」、「突き」、「寄り」、「投げ技」、「ひねり技」、「かけ技」など、さまざまな種類があります。

もともとは神事として行われていた

相撲には長い歴史があり、その起源は、豊作をうらなう神事などで行われた力くらべだといわれます。今から1500年以上前の古墳からは、力士をかたどったはにわも見つかっています。

平安時代には、相撲は朝廷の儀式として行われるようになり、鎌倉時代になると武士の間で武術としてもさかんになりました。

江戸時代には、寺社を建てるお金を集めるために「勧進相撲」という大会が行われるようになり、この勧進相撲が現在の大相撲へつながりました。

必須アイテム

土俵

勝負俵
全部で16個の俵を使って、直径4.55mの円をつくっている。

徳俵
土俵の東西南北に一つずつある。屋外の取組のとき、たまった雨水をはき出していた。俵一つ分外側にずれているので、土俵際の力士が「得」をする。

仕切り線
土俵の中央にある、力士が「仕切り」をするための線。長さ90cm、幅6cmで、2本の線のかんかくは70cmある。

塩
土俵を清めるために力士がまく。

力水
力士が仕切りに入る前に、口をすすぐための水。

まわし
力士が腰にしめる。

江戸時代の土俵入り

▲「東ノ方土俵入之図」（歌川豊国〈三代目〉）
1845（弘化2）年11月の東方幕内力士。現代と変わらない土俵入りの様子がえがかれている。
国立国会図書館蔵

07

もっと知りたい！相撲 Sumo

現在、大相撲はプロスポーツとして人気があります。多くの人が大相撲の観戦をごらくの一つとして楽しんでおり、力士のなかでもっとも強い「横綱」誕生の際には、日本中から注目が集まります。

700人の力士が年6回戦う大相撲

大相撲は、奇数月にそれぞれ15日間行われます。1、5、9月は東京都の両国にある国技館で、3月は大阪市で、7月は名古屋市で、11月は福岡市で、それぞれ開かれています。

力士の強さによる順位を表にしたものを「番付表」といいます。力士たちは、番付表のなかで西方と東方に分けられていて、強いほうから順に横綱、大関、関脇、小結、前頭と続きます。前頭までをまとめて「幕内」といい、幕内の下は十両、幕下、三段目、序二段、序ノ口と続きます。横綱から十両までは「関取」とよばれ、給料がもらえるなど、さまざまな面で特別にあつかわれます。力士の人数に制限はありませんが、2017年3月現在では、700人ほど。そのうち、関取はわずか10％の70人です。

呼び出し 力士をよび出す「呼び上げ」を行う。土俵の整備や水打ちなども行う。

勝負審判 行司の判定に異論があるときは協議を行い、最終的に勝敗を判断する。

行司 その場で勝敗を判断し、軍配によって勝者を指し示す。

▲平成27年7月場所の白鵬対鶴竜戦。
写真：公益財団法人 日本相撲協会

さまざまな動作に見られる神事の名残

相撲は、もともと神様にささげる行事として行われてきました。現在の大相撲でも、決められた動作（礼法）のなかに、神事の名残を見ることができます。

四股 片足ずつ上げてふみ下ろす動作。地面にいる悪い気を足でふみつけ、ふうじこめる意味をもっている。

塵手水 もみ手をして柏手を打ち、手を広げる動作。もみ手は身を清めること、柏手は神への祈り、広げる手は武器を持っていないことを表す。

清めの塩 土俵を清め、悪い気を追いはらうために塩をまく。力士たちによって土俵にまかれる塩は1日に40〜50kgになる。

鹿児島県奄美大島
日本一土俵が多い島

鹿児島県の奄美大島とその周辺地域では、昔から相撲がさかんです。毎年、農作物がたくさんとれるように祈る「豊年祭」（写真は瀬戸内町油井の豊年祭）で相撲を行うため、各地域に土俵がつくられています。その数は約120にものぼり、「日本一土俵が多い島」といわれています。

写真：あまみヒギャジマンプロジェクト

世界から見てみよう

相撲は、二人でたがいの体を組み合い、相手をたおしたり、投げ飛ばしたりするという、とてもシンプルな格闘技です。世界には、相撲とよく似たルールをもつ、さまざまな格闘技があります。

ルチャ・カナリア（スペイン）
組んだ状態から始め、まるい土俵の中で相手の足の裏以外を地面につけると勝ちとなる。

ブフ（モンゴル）
モンゴル相撲ともよばれる。地方によってルールのちがいがあるが、組み手争いから始め、相手の足の裏以外を地面につけると勝ちとなる。土俵はない。

ヤールギュレシ（トルコ）
体中にオリーブオイルをぬった状態で組み合い、相手を持ち上げたりしてポイントを競う。

活やくするモンゴル出身の力士たち

大相撲では、外国人力士もたくさん活やくしています。最初は、日系人が多くて相撲の人気も高いハワイの出身者が名を残しました。その後、さまざまな国の力士が現れましたが、現在、特にモンゴル出身の力士たちが強さをほこって大活やくしています。モンゴルは相撲に似たブフがさかんです。

意味がある土俵の形

▲対白鳳戦。昇り調子の若手・白鳳は徳俵近くまで播磨灘を引きずってくる。（6巻より） ©さだやす圭／講談社

徳俵には、屋外の土俵に雨水がたまったとき、はき出す役目がありました。また、土俵の外側に砂がしいてあるのは、力士の足が出たかどうか確認するためです。土俵を形づくっているものには、それぞれこのように意味があります。

力士になるための検査

大相撲の力士になるには、「新弟子検査」で体格の規定をクリアしなければなりません。身長167cm、体重67kgが最低合格ラインとなります。

もっと！相撲マンガ
『火ノ丸相撲』

夢は大相撲の横綱と宣言する潮火ノ丸は、高校の相撲部に入部。身長160cmもない小さな体で、体格差のハンデをのりこえ、相手に立ち向かう。

川田／作　集英社　ジャンプ・コミックス　1〜18巻（既刊）

あざやかに技を決め、「一本」を取る

柔道
Judo

『帯をギュッとね！』

河合克敏／作
小学館
小学館文庫
全16巻
©河合克敏／小学館

中学生のとき、柔道の昇段試験で出会った粉川巧ら5人の少年たち。高校で再会した彼らは、柔道部をつくり、ともに全国大会をめざす。

15巻より ©河合克敏／小学館

ココが名場面

浜名湖高校の3年生になった粉川は、竹の塚高校の下津田と対戦しますが、得意技の背負い投げを封じられ、ポイントをリードされてしまいます。
粉川はひそかに練習してきた、とっておきの技で下津田のすきをつき、ポイントでならぶと、そのまま一本を取りにいこうとします。ここから粉川の反撃の始まりです。

15巻より ©河合克敏／小学館

柔道なんでもデータ

これ、なんの数字？ 68本

投げ技の種類の数。
手技が16本、腰技が10本、足技が21本、捨身技が21本です。

ニッポン文化再発見！ 柔道ってなに？

「一本」と「技あり」で勝敗を争う

柔道は、相手と組み合い、投げ技や固め技などで戦う武道です。技の決まり具合によって「一本」と「技あり」があり、一本を取ればその場で勝ちです。

試合時間（4分）のなかで一本が決まらなかったときは、技ありを多くとっていた選手が勝ちになります。

技を決められた相手が「参った」をしたときも、勝ちになります。ルールに違反するような行為には「指導」があたえられ、3回目の「指導」を受けると、反則負けとなります。

試合時間内に、技ありによるポイント差がない場合は、延長戦に入ります。延長戦では、相手にポイントをとられたり、指導を受けてその数が相手を上回ったりした場合に、その時点で負けとなります。

「柔術」から「柔道」へ

日本には昔から、さまざまな武術がありました。そのなかで、武器を使わずに相手を投げたりおさえたりする「柔術」は、江戸時代に武士の間でさかんに行われるようになります。

明治時代になると、嘉納治五郎という人が、柔術をもとに柔道という武道を考えだします。そして、柔道を学ぶ道場として「講道館」を設立しました。ここで教えられた柔道が、現在の柔道のもととなっています。

嘉納とその弟子たちは、海外にも柔道を広め、その結果、1964（昭和39）年の東京大会で、柔道がオリンピックの正式種目に選ばれました。

必須アイテム

帯 段や級によって色がちがう。初段から五段は黒帯。

畳 正式な試合では、試合場の内側に50枚しき、外側には周囲2.73mにしきつめる。

体重計 試合では体重の近い選手同士で戦うように、階級が分かれている。選手は試合までに、出場する階級の体重に合わせ調整する。

柔道衣 白か青と決められている。

柔道の教え

▶「精力善用」と書かれたかけじく。精力善用とは「心身の力を、もっとも有効に社会のために使う」という意味で、柔道を学ぶ上でもっとも大切な考え方の一つとして嘉納治五郎が唱えた。

資料提供：公益財団法人講道館

もっと知りたい！柔道 Judo

オリンピックの正式種目に選ばれたことで、柔道は細かいルールなどが変わってきました。世界中の国の人が柔道を楽しみ、安心して戦えるように、今もルールや判定について検討が重ねられています。

柔道から世界の「Judo」へ

もともと柔道の試合は、「柔よく剛を制す※」の精神から、体の小さい選手と大きい選手が対戦することも少なくありませんでした。しかし、1964（昭和39）年の東京オリンピックを機に、体重別に分けて試合を行うようになりました。現在オリンピックでは、男子も女子も7階級に分かれて試合が行われています。

オリンピック種目になったことで、柔道はさらに世界中に広まっていきました。近年、オリンピックをはじめとする国際大会では海外の選手の活やくが目立っていますが、メダルのかくとく数や選手層の厚さでは、柔道発祥の地である日本が、他国を一歩リードしています。

※古い中国の書物の言葉で、「柔軟性のある者が、かえって強い者をおさえつけることができる」という意味。

審判員（主審）

大外返し 相手がかけようとした大外刈りを、大外刈りでおし返そうとしている。

▲2016年リオデジャネイロオリンピック柔道男子81kg級の様子。永瀬貴規選手（右）が銅メダル獲得。写真：産経ビジュアル

投げ技・固め技と「一本」の判定

柔道には、68種類の投げ技と、32種類の固め技があります。固め技のなかにはしめ技、関節技、おさえこみ技があります。

投げ技 68種
背負い投げ
体を回転させながら相手のふところに入り、おんぶするように相手を背負いながら投げる。

固め技 32種
けさ固め
一方の手で相手の首をかかえて後ろえりをにぎり、相手の体を自分の上半身でおさえる技。

一本
しめ技、関節技、おさえこみ技が決まったときや、投げ技で相手をほぼ仰向きにたおしたときに一本となる。

兵庫県神戸市
嘉納治五郎ゆかりの学校

柔道の創始者、嘉納治五郎は、出身地・兵庫県神戸市の灘中学校の創立に関わり、顧問を務めていました。嘉納が唱えた「精力善用」「自他共栄（助け合い、自分も他人もともに栄える世の中をつくろう、という意味）」の柔道の精神は、今も灘中学校・高等学校の教育方針として息づいています。

写真：灘中学校・灘高等学校

世界から見てみよう

柔道によく似た格闘技は、世界中にいろいろありますが、特にアマチュアレスリングが有名です。アマチュアレスリングは古代ギリシャで行われていた格闘技から生まれました。第1回近代オリンピックで正式種目として採用され、発展してきました。

アマチュアレスリング（ギリシャ）

全身をせめる「フリースタイル」と、上半身だけをせめる「グレコローマン」の2種類がある。柔道は国際ルールでタックルが禁止されており、反則負けとなるが、アマチュアレスリングではタックルで足や胴などをとり、相手をたおすこうげきが使える。

▲フリースタイル

▲フォール勝ち

相手の両肩を1秒以上マットにつけると勝ち。これを「フォール勝ち」といい、柔道でいう「一本」と同じ。

フランスは日本より柔道家が多い！

世界中で愛されている柔道ですが、なかでもフランスでは非常に高い人気があります。

フランスでの柔道の競技人口は約80万人。日本の競技人口が約20万人ですから、日本の4倍もの人が、柔道に親しんでいる計算になります。国際大会でも、日本に次ぐメダル数をほこっています。

技をかけないと負ける！？

▲粉川と藤田の一戦。藤田は防戦一方になり、教育的指導を受ける。（13巻より）
©河合克敏／小学館

柔道は、一定時間攻めの姿勢が見られないと、教育的指導を受けます。何度も指導を受けると反則負けとなってしまいます。相手の技を受けるだけでなく、自分から積極的に攻めていく意思を示すことが求められます。

日本柔道は女子も強い！

日本では、女子柔道もさかんです。1996年、恵本裕子選手がアトランタオリンピックで日本女子柔道史上初の金メダルを獲得しました。

もっと！柔道マンガ

『JJM 女子柔道部物語』

©恵本裕子・小林まこと／講談社

高校生の神楽えもは、「柔道をすればやせられる」という友人の言葉につられ、柔道部に入部。入部5日にして、初めての大会にのぞむ。

恵本裕子／原作　小林まこと／脚色・構成・作画　講談社　イブニングKC　1〜3巻（既刊）

武士の剣術を現代に伝える
剣道 Kendo

3巻より ©盛田賢司／小学館

『しっぷうどとう』
盛田賢司／作
小学館
ビッグコミックス
全11巻
©盛田賢司／小学館

何をやってもさえないと、自分自身をあきらめている高校1年生の長門烈。1年先輩の阿南俊のようになりたいと、同じ剣道部に入部する。

ココが名場面

初心者の烈が、初めて打ち合いの稽古をする場面です。最初の相手は主将の八木橋。思いきって打ちにいってみましたが、八木橋の体に届きさえしませんでした。そのとき、八木橋に言われた一言をきっかけに、烈は思いきりとびかかっていきました。

烈が、少しずつ自分の長所を見つけていくきっかけになるシーンです。

1巻より ©盛田賢司／小学館

剣道なんでもデータ
これ、なんの数字？ 160万人以上

日本で剣道の段をもっている人の数。
毎年4万人前後が初段をあたえられます。

ニッポン文化再発見！ 剣道ってなに？

打つ、突くなどの技で勝敗を競う

剣道は防具を身につけ、竹刀で相手を打ったり突いたりすることで、勝敗を競う競技です。

競技は1対1で行われます。技には、頭を打つ「面打ち」、のどの部分を突く「突き打ち」、胴を打つ「胴打ち」、手首のあたりを打つ「小手打ち」の4種類があり、これらがきれいに決まると「有効打突」とされ、「一本」となります。

防具をつけていないところはこうげきできません。相手の足をはらったり、試合中に場外に出たり、竹刀を手放したりすると反則をとられ、2回で相手に一本があたえられます。

よく行われる三本勝負の場合、試合時間（高校生以上の場合は5分）の中で、先に一本を2つとった選手が勝ちになります。

武士の剣術から生まれた

昔の日本では、戦いのとき、おもに弓矢や刀が使われてきました。とくに、刀は武士にとってもっとも重要な武器でした。武士は、ふだんから刀を使う剣術の訓練を行い、そのなかからさまざまな流派の剣術が生まれました。

しかし、明治時代になると、武士という身分がなくなり、廃刀令（刀の携帯を禁止する通達）も出され、剣術は急速にすたれてしまいます。

その後、剣術をはじめとする日本伝統の武術を見直し、新しい武道へ発展させようという動きが生まれます。さまざまな流派に分かれていた剣術はルールなどが整備されて、大正時代には、よび名も「剣道」に統一され、今につながっています。

必須アイテム

防具
面は頭、小手は手や腕、胴は胸や腹やわき、垂れは腰や股間へのこうげきから守るために、剣道着の上から着ける。

はかま
幅の広いズボンのようなもの。足ははだしと決められている。

剣道着
白・黒・紺などがあり、好きな色を着て構わない。

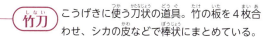

竹刀
こうげきに使う刀状の道具。竹の板を4枚合わせ、シカの皮などで棒状にまとめている。

技を決める部位

「面！」のように、打突した部位を大きな声で言うことも必要。

面
頭のてっぺんと、その左右。

胴
胴の右側か左側。

小手
左右の手の手首あたり。

突き
のど。（小中学生は禁止）

もっと知りたい！ 剣道 Kendo

現代の剣道は、安全に配慮したルールが整備され、子どもや女性でも楽しめるものになりました。一方、礼儀作法を重んじる点などには、伝統的な武士の考え方が色濃く残っています。

剣道に残されている武士の考え方

ほかの武道と同様に、剣道にも、実力や経験などに応じて級位や段位を授ける、段級位制があります。級位は六級から一級まで、段位は初段から八段まであり、審査を受けて、あたえられます。

そのほかに、錬士、教士、範士という称号もあります。これらの称号は、強ければあたえられるというものではありません。指導力や人格なども備えている必要があります。

試合前後の礼法（動きや礼の仕方）も大切にされています。また、技をくり出した後の残心（油断せず、相手のこうげきに備える心構え）、竹刀を真剣同様の注意をはらってあつかうこと、相手の背後から打ちこまないことなど、そのふるまいには、武士の考え方が表されています。

打突の瞬間
相手の動きに応じて、打突の機会をのがさずにとらえる。

▲打ち合いの様子。ただ当てるだけでは一本にならない。気合、竹刀の使い方、体の使い方を厳しく判定される。

剣道のルーツを知るとわかるミニ知識

剣道にある独特のルールや特別な仕事は、剣術がルーツにあることや、明治時代に警察の武道に採用されたことも関係しています。

ガッツポーズで一本が取り消しに
剣道の一本では、技を決めた後の残心が必要とされ、ガッツポーズなどをすると、一本が取り消しになる。

二刀流もOK
大学生以上は、両手に竹刀を1本ずつ持つ「二刀流」が許されているが、使用者は非常に少ない。宮本武蔵が開いた二天一流が有名。

剣道をきわめるのが仕事
各都道府県の警察には、剣道特別訓練員という、剣道をきわめることを仕事とする人がいます。

新潟県佐渡市
高級竹刀の故郷

佐渡の真竹は、冬の寒さが厳しいなかで育つため、繊維が細かく、とてもじょうぶだといわれています。そのため佐渡では、よくしなり、折れにくい地元の真竹を使って、昔から竹刀づくりがさかんに行われてきました。写真は、高級竹刀として知られる「佐州住清正」製作の様子。

写真：エスライフ

世界から見てみよう

世界には、日本の剣道と同じように、剣や刀状の道具を使って戦う競技がたくさんあります。なかでも、ヨーロッパ発祥のフェンシングは、オリンピックの正式種目になっています。

フェンシング(ヨーロッパ)

中世ヨーロッパの騎士たちによる、剣術の試合がもとになってできたスポーツ。フルーレ、エペ、サーブルという3種目がある。

スポーツチャンバラ(日本)

チャンバラ(刀できり合うこと)ごっこをもとに、ルールを整備して日本で考案された。エアーソフト剣というやわらかい剣を使う。海外にも広まり、ほぼ毎年世界選手権大会が行われている。

世界大会で優勝した韓国

現在、剣道は世界中で親しまれるようになっており、国際剣道連盟には50以上の国や地域が加盟しています。なかでも、ブラジルやアメリカ、韓国や台湾などで昔からさかんです。とくに韓国は、世界剣道選手権大会で、日本以外の国で優勝したことのある、ただ一つの国です。

自分をつくっていく剣の道

▲勝つこと、強くなることにばかり追われていた烈を、顧問が諭す。(4巻より) ©盛田賢司/小学館

真剣を使って戦っていた時代が終わり、江戸時代の平和な世の中になってからは、剣術は武士としての人間形成が目的となりました。相手をたおすだけでなく、尊重し合い、技を通じて自分を高めていく剣道には、その精神が息づいています。

女子だって剣道!

剣道は、子どもからお年寄りまで、男性にも女性にも親しまれています。世界選手権でも女子の団体競技が1997(平成9)年から加わりました。

もっと!剣道マンガ

『武士道シックスティーン』

幼いときから剣道の英才教育を受けてきた香織と、剣道を楽しみたい早苗。正反対の二人の高校剣道ストーリー。

誉田哲也/作 安藤慈朗/画 講談社 アフタヌーンKC 全3巻

沖縄で生まれた、突きとけりをくり出す格闘技

空手
Karate

『ハンザスカイ』

佐渡川準・作
秋田書店
少年チャンピオン・コミックス
全13巻
©佐渡川準／秋田書店

中学時代、けんかに明けくれていた半座龍之介。御門高校で空手道部の藤木穂波の強さにほれこみ、空手道部に入部する。

ココが名場面

常勝・蓮城高校空手道部との練習試合。まだ中段突き※しか教わっていない半座は、黒帯の峰岸に歯が立ちません。けれどとっさにくり出した上段突きによって点差を縮めていき、最後はたおれた峰岸への中段突きで逆転しました。戦いながら勝つ方法を考え、見よう見まねで技を出してみた、半座の能力の高さがわかる場面です。

※中段突きなど技については20ページ参照。

3巻より ©佐渡川準／秋田書店

空手なんでもデータ

これ、なんの数字？　**4人**

技が決まったかどうかを判定する副審の人数。空手は4人の副審が4方向から判定します。柔道や剣道は2人です。

ニッポン文化再発見！ 空手ってなに？

こぶしや足で戦ってポイントを競う

空手は、武器を持たずに自分のこぶしや足、うでなどを用いて戦います。競技には、実際に戦う組手競技と、決められた動きを正確に行う形競技があります。

全日本空手道連盟では、組手競技において、技を決めるごとにポイントが加算される「ポイント制」を採用しています。ポイントには「一本（3ポイント）」、「技あり（2ポイント）」、「有効（1ポイント）」があり、相手に8ポイントの差をつけた選手、または制限時間まででポイントの多かった選手が勝ちとなります。

技には「突き」、「けり」、「打ち」などがあり、相手のこうげきを受け止める「受け」も防御の技です。ただし、技を実際に相手の体に当てずに寸前で止める「寸止め（寸決め）」が、ルールで決められています。また、安全に競技を行うために、ほとんどの試合で防具をつけます。

形競技には、一人で行う個人戦と、3人1チームで行う団体戦があります。

沖縄から始まった空手

空手は、沖縄で古くから伝わっていた敵から身を守る武術と、日本武術、そして中国から伝わった武術がまじり合って生まれたと考えられます。長い間、限られた人にだけ伝えられていましたが、明治時代からは沖縄県内の小中学校で教えられるようになりました。大正時代になると、沖縄の空手家が東京に招かれて演武を披露したことなどをきっかけに、沖縄以外の人々にも知れわたり、全国に広まりました。

必須アイテム
（組手競技）

空手衣
白で模様が入っていないものを着る。空手衣の中に、腹部と胸部を守る防具をつける。

メンホー
顔や頭を守るための防具。マスクのようになっている。

拳サポーター
両手にはめる手袋。自分や相手がけがをしないようにするために使う。競技のときは帯と同じ色のものをはめる。

帯
初段以上は黒帯だが、競技のときは、一人は赤帯、もう一人は青帯をつける。

団体の形競技

▲女子団体の形の様子。技の正確さや気迫などを総合的に評価して判定される。全国中学生空手道選抜大会より。

写真：公益財団法人 全日本空手道連盟

もっと知りたい！空手 Karate

空手は、学校の体育の授業にとり入れられるようになりました。2020年東京オリンピックの正式種目になったことから、今後さらに多くの人に親しまれる武道となることが期待されています。

オリンピックの正式種目に！

昭和の中ごろまでの空手は、流派によってルールもまちまちで、全国をまとめている組織もありませんでした。そこで、1964（昭和39）年に多くの流派をまとめ上げる形で全日本空手道連盟（全空連）がつくられました。

現在、全空連には約8万5000人の会員がおり、それぞれの年齢やレベル、体重に応じて、練習や競技が行われています。

また、2012（平成24）年に中学校の体育で武道が必修化されたこと、2020年東京オリンピックで空手が正式種目になったことなどから、最近は空手を授業にとり入れる学校が増えています。現在は、もともと空手がさかんな沖縄県を中心に、200以上の学校で、空手の授業が行われています。

受けの練習
▲中学校での空手の授業の様子。生徒たちは、体操服姿で基本的な技を習っている。
写真：公益財団法人 全日本空手道連盟

空手の基本技

空手の技は、ねらう場所によって上・中・下段があります。上段は首より上、中段は胸や腹部、下段は帯より下の部分をさします。たとえば腹部への突きなら「中段突き」といいます。

突き
こぶしで相手の体を突く。図のように前に出す足と同じ側の手で突くと順突き、足と逆の手で突くと逆突き。

けり
足の裏や甲で相手をこうげきする。けり方によって横げり（図）や前げり、回しげりなどがある。

受け
相手のこうげきを受け止める。こうげきを、おさえて止める、はらい落とすなどさまざまな受けがある。

沖縄県
空手の日

空手発祥の地・沖縄県では10月25日を「空手の日」と決めました。この日を記念して、空手を世界にアピールするため、記念演武祭を開いています。2016年の記念演武祭では、写真のように空手家3973人がいっせいに演武を披露し、ギネス世界記録を更新しました。

写真：沖縄県文化観光スポーツ部

世界から見てみよう

空手のように、基本的に立った状態での「突き」と「けり」を技とする格闘技は、世界中にたくさんあります。そのなかには空手と同じく日本が発祥の格闘技もあります。

ムエタイ(タイ)

タイで長い歴史のある国技。タイ式ボクシングともいわれる。パンチよりもキックが重視されるが、どちらも美しく当てることも重視される。

キックボクシング(日本)

ムエタイをもとに日本人が考案した。パンチも強い選手が多い。相手にどれだけダメージをあたえたかが重視される。

テコンドー(韓国)

空手とキックボクシングを合わせたような格闘技で、けりの種類が多い。ポイントで勝敗を決める。オリンピックの正式種目になっている。

190以上の国と地域で大人気

2020年の東京オリンピックで正式種目となった空手は、世界中で親しまれています。190を超える国と地域で競技をする人がおり、国際大会ではヨーロッパを中心に多くの国が入賞者を出しています。近年は、アジアやアフリカでも急速に人気が高まっています。

ポイントの積み重ねで勝負が決まる

▲ポイントで勝敗が決まる仕組みについて。半座が得意な中段突きは1ポイント。(2巻より)　©佐渡川準／秋田書店

柔道の「一本」やレスリングの「フォール」、ボクシングのK.O.などは、その時点までのポイント数にかかわらず決着がつきます。でも空手の組手競技は、相手よりポイントを多く取らないと勝てません。

空手にもある団体戦

組手にも、個人戦だけでなく団体戦があります。小中学生は1チーム3名で順番に戦い、勝者が多かったチームの勝ちです。

もっと！空手マンガ

『てのひらの熱を』

空手未経験の木野下慎也は、天才空手少年・柳屋匠と出会う。慎也は空手の楽しさを知り、匠ははじめて誰かと空手を楽しむ喜びを知る。

北野詠一／作　講談社　講談社コミックス　全3巻

精神を的に集中し、自分と戦う武道

弓道
Kyudo

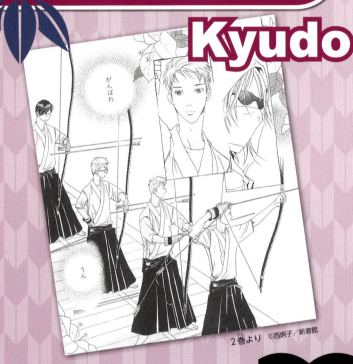

2巻より ©西炯子／新書館

『ひらひら ひゅ〜ん』

西炯子／作
新書館
WINGS COMICS
全4巻
©西炯子／新書館

開開高校弓道部は、勝ちにこだわらないゆるい雰囲気の部。しかし、副部長・笹原の言葉をきっかけに変わりはじめる。

ココが名場面

笹原が「勝つ喜びを知ろう」といって臨んだ夏の射会（競技会）で、開開高校は板金工業高校に惜敗しました。
相手をたおす競技なのか、自分との戦いなのか。合宿中は部内でも意見が割れ、まとまらなくなっていました。
そして迎えた10月の試合。団体戦で板金高を追い上げ、笹原には個人戦のチャンスすら出てきた場面です。

3巻より ©西炯子／新書館

弓道なんでもデータ

これ、なんの数字？　　**約60度**　矢を射る前に足をふみ開いたときの両足のつま先の角度。このかまえを「外八文字」といいます。

ニッポン文化再発見！ 弓道ってなに？

弓で矢を放って的を射ぬく

弓道とは、木や竹などをしならせて弦を張った「和弓（日本弓）」という弓を使い、的に向かって矢を射る競技です。

28mはなれた場所にある、直径38cmの的を射る近的競技と、60mはなれた場所にある、直径100cmの的を射る遠的競技があります。

試合の方法は3種類あります。1回につき2〜4本の矢を射て、的に当たった矢の本数で勝敗が決まるのが的中制で、色分けされた「得点的」とよばれる的を使い、当たった場所の点数を合計して勝敗を競うのが得点制です。もう一つは、当たった矢の本数や得点だけでなく、射るときの姿勢や品格、態度なども総合的に採点する採点制です。

武器からやがて武芸として発展

弓矢は、世界各地で数万年前の古代から武器として使われてきました。日本でも、16世紀にてっぽうが伝来するまでは、遠くにいる敵をこうげきするのに弓矢がもっとも有効な武器でした。平安時代には、武士にとって欠かせない武芸とされ、技を競い合うようになります。馬に乗ったままで矢を射る流鏑馬や笠懸が行われるようになりました。

江戸時代になって戦いがなくなると、弓矢を使う弓術は戦いのためではなく、自分自身をきたえるための武術として受け継がれます。

明治時代になると、弓術は人々の間に広まり、よりスポーツ性を高めた現在の弓道につながりました。

必須アイテム

弦
麻などをより合わせ、マツの油からつくったくすねというものをぬっている。

ゆがけ
シカの皮でできた手袋。指を3本通すもの、4本通すものなど、いくつかの種類がある。

弓
基本の長さは221cmで、竹と木を張り合わせてつくられている。最近は強化プラスチックなどの新素材でできたものもある。

矢
主に竹製の矢柄の先に金属の矢じりがついている。根元には矢をかけるための筈があり、矢羽という3枚の羽がついている。

的
星的、霞的は的中制の試合で用いる。得点制の試合で用いる得点的もある。

星的

霞的

弓矢で戦う武士

◀『男衾三郎絵詞』
鎌倉時代の戦いの様子。弓を構えて向かい合う武士たちの姿がえがかれている。
国立国会図書館蔵

もっと知りたい！弓道 Kyudo

明治時代以降に武道として広まった弓道は、技術だけでなく心身をきたえる武道として、柔道（→10ページ）や剣道（→14ページ）などとならび、今も多くの人に親しまれています。

自分と戦う奥深い武道

弓道は、人間ではなく的を相手にする競技です。試合は他人との戦いではなく、自分との戦いであるといってもいいでしょう。いかに精神を集中させ、平常心で矢を射ることができるかが、勝敗を分けるかぎとなる、奥が深いスポーツです。

現代の弓道は、天気にかかわらず、一人でも練習を積むことができます。自分の体格や体力に合わせて、もっとも適した強さの弓を選ぶこともできます。そのため、年齢や性別を問わず、誰でも平等に楽しむことができるスポーツとなっています。

現在、競技人口の約半数を占める高校生を中心に、子どもから大人までさまざまな人々が弓道に取り組み、国民体育大会や全日本弓道選手権など、多くの大会に参加しています。

▲京都にある三十三間堂での「通し矢」の様子。約60m先の大的をねらって、矢を射る。全国から2000人が参加し、みがいたうでをふるう。

正しい姿勢で射るための作法

弓を引き、矢を射るまでの一連の動作には、決められた8つの流れがあります。これらを「射法八節」といいます。

一、足踏み
矢を射る位置で、足を外八文字にふみ開く。

二、胴造り
重心を体の中央に置き、心を落ち着ける。

三、弓構え
ゆがけで弦と矢を持ち、的を見定める。

四、打起し
弓を引く前に両方のこぶしを持ち上げる。

五、引分け
弓をおし、矢を引きながら下に下ろす。

六、会
引分けから弓を引き切り、的をねらう。

七、離れ
心と体が整った瞬間に、気合とともに矢を放つ。

八、残心（残身）
離れの姿勢を保ち、一息おいて体をもどす。

神奈川県鎌倉市
鶴岡八幡宮流鏑馬神事

流鏑馬とは、走る馬の上から的に矢を射る技術です。日本各地の神社では、流鏑馬による神事が広く行われています。なかでも、神奈川県鎌倉市にある鶴岡八幡宮の流鏑馬神事は特に有名です。今から900年以上前に、鎌倉幕府を開いた源頼朝が開催したのが始まりといわれています。

写真：やぶなび

世界から見てみよう

弓矢は、狩りの道具や武器として、昔から世界中でさかんに使われてきました。そのため、今も世界各地に弓矢を使ったスポーツ競技があります。

アーチェリー（イギリス）

矢を正確に飛ばすことができるように、照準器や滑車などがついた弓を用いる。オリンピック競技では、矢が当たったところの点数の合計を競う。

クロスボウ（ヨーロッパ）

横だおしにして使う。的に当てて得点を競う競技も行われている。

弩（中国）

古代、中国で広く用いられた武器。弓を横だおしにして使う点がクロスボウと同じ。

ドイツなどで大人気！

日本の文化とその奥にある精神性に興味をもつ外国人には、心のたんれん（強くきたえること）を重視する弓道も、注目されています。なかでもドイツでは、1000人を超える競技者がドイツ弓道連盟に登録され、練習や競技を通じてうでをみがいています。

相手は的と自分

▲転校生の藤川に「勝つ気なさそうな部」と言われ、勝つことについて話し合う。(2巻より) ©西炯子／新書館

弓道はほかの武術とちがい、相手を打ち負かすことが目的ではありません。得点を競う大会の場合でも、勝つためにはまず自分が的確に的に当てなければなりません。的に当たらない理由も自分のなかに求め、精神の修養をする競技です。

馬の上から的を射る

疾走する馬の上から鏑矢を放ち的を射る流鏑馬は、神様にささげる芸として今も各地の神社で受け継がれています。

もっと！弓道マンガ

『花に染む』

花乃は小学生のころ、神社の息子・陽大の流鏑馬姿に感動し、弓道を始める。その後も、二人の関係は弓道を通してずっとつながっていく。

くらもちふさこ／作　集英社　クイーンズコミックス　全8巻

禅の流れをくむ日本発祥の護身術
少林寺拳法
Shorinji kempo

『オッス！ 少林寺』

菊田洋之／作
小学館
少年サンデーコミックス
全7巻
©菊田洋之／小学館・少年サンデーコミックス

お調子者でにげぐせのある柴田広則。少林寺拳法部への入部をきっかけに、技だけでなく精神面でも真の強さを身につけていく。

3巻より ©菊田洋之／小学館・少年サンデーコミックス

ココが名場面

中学時代はバンドと女の子に夢中だった柴田。入学した高校で、少林寺拳法部にさそわれ、「楽して強くなれそう」という理由で入部しました。

入部まもなく、主将の基山が基本の突きを一年生に教えている場面です。基山は実は、お気楽でいい加減な柴田を、困難に立ち向かえる少林寺拳士に育てようとしてさそったのでした。

1巻より ©菊田洋之／小学館・少年サンデーコミックス

少林寺拳法なんでもデータ
これ、なんの数字？ 　**22か国**

2017年少林寺拳法世界大会の参加国数（国際講習会含む）。アメリカで開かれた世界大会に、22か国が参加しました。

ニッポン文化再発見！ 少林寺拳法ってなに？

2種類の技からなる護身術

少林寺拳法は、主に護身（相手から身を守ること）のための武道です。相手のこうげきをかわし、こぶしによる突きや、足によるけりなどの技ではんげきする「剛法」、つかみかかってきた相手の関節をとったり、相手の力を利用して投げたりする「柔法」という、2種類の技があります。また、「自分をきたえ、人の役に立とう」という教えにもとづいて、禅の特徴である、体と心をともにたんれんすることを重視しています。そのため、相手をたおし、強さを競い合う試合は行われません。

多くの大会では、「演武」と「運用法」が行われます。演武は、剛法と柔法の技を組み合わせて演じるもので、動きの切れや流れのスムーズさなどを競います。運用法では、防具をつけてこうげき側とぼうぎょ側に分かれ、交代で技を行います。動きや技の習得度が、マナーや礼儀作法をふくめてしんさされます。

強く優しく賢い若者を育てるために

少林寺拳法は、1947（昭和22）年、宗道臣という人が、強く優しく賢い若者を育てるために、日本と中国の武術をとり入れてつくりだし、弟子たちの手で全国に広められました。

ほかの多くの武道とちがい、少林寺拳法には独自のカリキュラムを示した指導書があります。このカリキュラムの内容は世界共通なので、世界中で同じ内容の修業や指導ができます。そのため、現在の少林寺拳法は、日本だけでなく世界中で広く親しまれています。

必須アイテム
（運用法）

防具
前面にとうめいな強化プラスチックがついていて、顔を守るフェイスガード、突きを行う手を守るサポーター、けりや突きによるしょうげきを吸収するボディプロテクターがある。

道衣
防具の下に着用する服。練習のときや演武のときにも着用する。

帯
級によって帯の色がちがう。初段以降は黒帯。

技の動きや流れを競う演武

▲組演武の様子。二人で技を出し合い、流れよく演武することが必要になる。特別な式典などでは、写真のような黒い「法衣」を着ることもある。　写真提供：一般社団法人SHORINJI KEMPO UNITY

なぎなた Naginata

長い棒をあやつり、技をくり出す

『あさひなぐ』
こざき亜衣／作
小学館
ビッグコミックス
1〜24巻（既刊）
©こざき亜衣／小学館

中学まではスポーツに縁のなかった東島旭は、高校であこがれの真春先輩のいるなぎなた部に入り、仲間とともに少しずつ成長していく。

勝負の時――

21巻より ©こざき亜衣／小学館

ココが名場面

インターハイの予選団体決勝。2年生になった旭はライバル・國陵高校の一堂寧々と対戦します。

実力に勝る寧々に、旭は一歩も引かずにいどみ、延長戦6回目までもつれこみます。

なぎなたを始めるまで、これといった特技もなかった旭が、あらためてなぎなたが好きだと実感する場面です。

こんな限界を、出会っていなければ、知ることもなかった。

21巻より ©こざき亜衣／小学館

なぎなたなんでもデータ

これ、なんの数字？ **650g**

なぎなたの重さの下限。650g以上の重さがあれば、自分に合った重さのものを使えます。

ニッポン文化再発見！ なぎなたってなに？

防具をつけて細長い棒で戦う

なぎなたとは、本来、木でできた柄の先に刃物をつけた武器のことをいいました。今は、刃物の代わりに竹をつけています。この棒を使って戦う武道のことも、なぎなたといいます。

剣道と同じような防具を着用し、面や胴、小手などの技を決めると、一本となります。競技は三本勝負で、試合時間内に先に二本を取ったほうが勝ちになります。ルールは剣道とよく似ていますが、すね当てを着用し、こうげきできる場所（打突部位）にすねがある点が、剣道とはちがいます。

また、決められた動き（型）を見せる「演技」という競技もあります。二人一組で「しかけ」と「応じ」という役を演じます。

女性の武術として発展

武器としてのなぎなたは、今から900年ほど前にはすでにあったと考えられます。

なぎなたは、てっぽうが日本に伝わる前までは、海での戦いや、馬の上の人をなぎたおすのに有効な武器でした。また、力が弱い人でもあつかいやすいため、女性が身を守るために使うこともありました。江戸時代になると、主に武家の女性の間でさかんにたしなまれるようになり、女性のための武術というイメージが定着しました。その影響で、なぎなたの競技者の多くは女性です。

現在では、部活動として行う学校もあります。1990（平成2）年には国際なぎなた連盟も誕生し、日本をふくむ10か国が加盟しています。

必須アイテム

なぎなた
柄は竹と樫の木でできている。競技用のものは、長さ210〜225cmと定められている。

切先／たんぽ／刃部／千段巻／柄／石突き

切先と石突きには綿などを丸めて皮でつつんだ「たんぽ」を、「千段巻」の部分には白いビニールテープをつける。

防具
顔につける「面」、胴体を守る「胴」、腰に巻く「垂れ」、手につける「小手」、足につける「すね当て」がある。

道着
白地のけいこ着を用いる。

はかま
黒色、または紺色のものを用いる。

なぎなたと女性の歴史

▲巴御前がえがかれた明治時代の版画

平安時代、源義仲の側近として活やくした巴御前という女性は、なぎなたの名手だったといわれる。

いのちをかけて戦った男たち

侍・武士
Samurai・Bushi

『バガボンド』

井上雄彦／作
講談社
モーニングKC
1〜37巻（既刊）
©I.T.Planning, Inc.

「鬼の子」としてにくまれていた新免武蔵。剣の道で生きることを決意し、「宮本武蔵」と名を変え、誰にも負けない男になるため、旅に出る。

俺の剣は天下に通じるぞ!!

3巻より ©I.T.Planning, Inc.

ココが名場面

武者修行の旅に出た武蔵。京の剣の達人といわれる吉岡清十郎と対決するために、吉岡道場に乗りこみます。清十郎は目にもとまらぬ速さで武蔵の額を切り、流れる血で武蔵の顔は血だらけになってしまいます。

武蔵は自分より強く、すぐれた人間がいると実感し、それでこそやりがいがあるとふるい立つ場面です。

3巻より ©I.T.Planning, Inc.

侍・武士なんでもデータ

これ、なんの数字？ 約10％

江戸時代の人口に対する武士の割合。武士以外では農民が約80％、残り約10％が町人などでした。

ニッポン文化再発見！ 侍・武士ってなに？

戦いを職業とする侍・武士

侍という言葉は、人に仕えるという意味の「さぶらう」からきています。

今から1000年ほど前の平安時代中ごろ、貴族などが、自分の土地を守ったり、他人の土地を手に入れたりするために、人をやとうようになりました。武器を持って戦うことを仕事とする「武士」とよばれる人々です。

侍・武士は、武力でもって、やがて本来のやとい主である貴族よりも大きな権力をもつようになります。そして、今から900年ほど前、源頼朝が武士による政府である「鎌倉幕府」を開きました。以来、今から150年ほど前に江戸時代が終わるまで、約750年以上もの長い間、武士による政治が続きました。

やがて役人となった侍・武士

江戸時代より前の武士たちは、日ごろから戦いに備え、刀や弓矢を使った厳しい練習や、戦いで実力をはっきするための精神修養などを行っていました。侍・武士たちのこのような生き方は、やがて武士道とよばれる思想や文化が生まれるきっかけの一つとなりました。

江戸時代になると戦いがなくなり、武士は役人としての務めが多くなります。町の安全を守る、身分が高い人々の身のまわりの世話をする、農民から年貢（お金ではなく、もので納める税金）を集めるなどです。

そんな平和な時代にあっても、武術や学問を深め、ほこり高くくらした武士の生き方は、今も文学や芸能の世界で取り上げられています。

必須アイテム

弓矢
遠くにいる敵もたおせるので、侍・武士にとって重要な武器の一つだった。

大鎧・かぶと
鉄や革など、かたくてじょうぶな素材でつくられている。平安〜鎌倉時代に使われていた。

馬
馬に乗って戦ったり、移動したりする。自分の屋敷で世話をしていた。

刀
弓矢と同じく、侍・武士にとって重要な武器の一つだった。接近戦で用いられた。

侍・武士の移り変わり

◀「春日権現験記[模写]」
平安時代、都では武士は貴族の警護にあたっていた。居眠り中の武士がえがかれている。
国立国会図書館蔵

◀「長篠合戦図屏風（部分）」
日本で初めて本格的に銃が使われた1575（天正3）年の長篠の戦いをえがいた屏風。この後、弓や刀で戦う時代ではなくなり、武士は役人化していった。
名古屋市博物館蔵

もっと知りたい！ 侍・武士 Samurai・Bushi

明治時代になると、身分制度がなくなったため、侍・武士という身分もなくなりました。しかし、侍・武士の精神と文化は、今でも私たちの生活のさまざまな場面で見ることができます。

現代社会にも息づく侍・武士の文化

柔道（→10ページ）、剣道（→14ページ）、弓道（→22ページ）、なぎなた（→28ページ）などは、侍・武士の日常的な訓練から生まれた武道です。また、現代の家にもある、床の間やちがい棚などがある畳敷きの座敷は、室町時代に侍・武士の家に広まった書院造という家のつくりを伝えるものです。さらに、茶道（→3巻6ページ）は中国から伝わった文化でしたが、室町時代に侍・武士の間で流行したことで独自に発展し、現代の茶道につながりました。

年中行事にも、侍・武士の文化が残っています。七五三は、江戸時代に第五代将軍徳川綱吉の長男の健康をいのる行事として始まったといわれています。また、端午の節句は江戸時代に侍・武士の間で、子どもの成長を願う行事としてさかんになりました。

的 木の板でできており、竹に固定されている。

▲笠懸神事。笠懸とは走る馬の上から的に矢を放つ武芸のこと。確実に的にあてる訓練として行われ、流鏑馬より実践的なのが特徴。上賀茂神社の笠懸神事は、2005（平成17）年に800年ぶりに再興された。
写真：上賀茂神社

侍・武士の生き方を伝える言葉

勇ましくほこり高い侍・武士の考え方や心がまえは、ことわざや慣用句として残っていて、今も広く使われています。

武士は食わねど高楊枝
食べてなくても食後のように楊枝を使う様子から、たとえ貧しくても、そのそぶりを見せないという意味。

勝ってかぶとの緒をしめよ
勝負に勝ったり物事がうまくいったりしても油断せず、気をひきしめなければいけないという意味。

身から出たさび
自分の悪い行いのせいで自分が苦しむこと。刀の手入れをしていないと刀身からさびが出て、役に立たないことから。

福島県南相馬市
相馬野馬追

7月の最終土曜日から3日間かけて行われる神事で、平安時代の侍・武士による訓練がもととなって始まったといわれています。

2日目の甲冑競馬とよばれる行事では、侍・武士の衣装に身をつつんだ若武者たちが馬に乗り、10頭で1000mを走って速さを競います。

写真：相馬野馬追執行委員会

世界から見てみよう

侍・武士と同じように、主君に仕えて主君のために戦う人々に、中世のヨーロッパで活やくした騎士がいます。「騎士道」という言葉もあります。侍・武士と騎士は、似ている点もあればちがう点もあります。

騎士（ヨーロッパ）

主君のために戦う
主君に忠誠をちかい、戦場での名誉、死をおそれない自尊心などを大切にした。

女性を守る
騎士は貴婦人などの女性に仕え、守ることを重要視していた。

教会に忠誠をちかう
騎士は、主君以上にキリスト教会への忠誠を大切にしていた。

イギリスドラマ「関ヶ原の戦い」

イギリスの国営放送であるBBCは、2008年に日本の映画製作会社の協力のもと、徳川家康と関ヶ原の戦いを題材にしたドラマ「ウォリアーズ 歴史を動かした男たち」を製作しました。このドラマは完成度の高さが評価され、アメリカでも放映されました。のちに発売されたDVDは、今も高い人気を得ています。

本当の強さとは？

▲道中出会ったなぞの老人は武蔵に「本当に強い者」について語るが、武蔵はただ相手をたおすだけと言う。
（4巻より） ©I.T.Planning, Inc.

侍・武士にとっては、戦場で敵をたおし主君を守ることが名誉とされます。けれど、そのために武術さえ強ければいいというわけではありません。侍・武士は、つねに怖さを乗り越えられるよう精神をきたえ、自分を高めていこうとしました。

武士の大行列「参勤交代」

参勤交代とは、江戸時代の制度で、地方をおさめる武士（大名）を定期的に江戸へ来させるものです。多くの人を連れて行くため、大行列ができました。

こっちは！参勤交代マンガ

『つらつらわらじ』

岡山藩主の熊田治隆は参勤交代のため家臣たちを連れて江戸へ向かう。そのなかには松平定信のスパイがいた。道中、数々の事件が起こる。

オノ・ナツメ／作　講談社　モーニングKC　全5巻

歴史の裏で活やくした、正体不明のスパイ

忍者 Ninja

『闇月夜行』

蒼井エン×睦月ムンク／作
野口芽衣／ストーリー構成
マッグガーデン
MAG GARDEN COMICS
全2巻

©蒼井エン・睦月ムンク／マッグガーデン

かつて「鬼の半蔵」とおそれられた伊賀忍者・服部半蔵は、隠居の身ながら将軍直属の役目を命じられ、あたえられた任務を果たしていく。

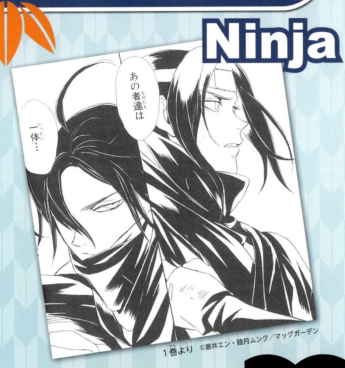

1巻より ©蒼井エン・睦月ムンク／マッグガーデン

ココが名場面

当主を弟分・雷蔵に継がせ隠居した半蔵。しかし将軍から江戸の盗賊団と辻斬りをこらしめるための「裏・火付盗賊改」役を命じられます。
正体をかくして夜まわりしているところ、正式な火付盗賊改役である雷蔵と鉢合わせしてしまい、顔を見られる前ににげ出す場面です。半蔵の身軽さがわかります。

1巻より ©蒼井エン・睦月ムンク／マッグガーデン

忍者なんでもデータ

これ、なんの数字？ **200km**

忍者が1日に移動できたとされる距離。特殊な呼吸法などで、1日200km走る忍者もいたとされます。

ニッポン文化再発見！ 忍者ってなに？

正体を見せずに任務を果たす

忍者は、大名などの身分の高い人物にやとわれて、敵の情報を集めたり、建物をひそかにこわしたり、うわさを流して混乱させたりする任務をおっていた人のことをいいます。ときには、敵である有力者を暗殺することもありました。

忍者の特徴は、かくれたり、人々の間にまぎれたりして、決して正体を見せない点にあります。また、忍者は手裏剣などの特殊な武器や道具、特別に調合した薬品まで持っていたといわれています。

戦国時代に力をのばした

いつごろから忍者のような仕事をする人々がいたのか、いくつか説があってわかっていません。しかし、忍者が本格的に活やくするようになったのは、今から500年ほど前の戦国時代になってからです。多くの大名が、敵との戦いを有利にするために忍者をやとったのです。伊賀（今の三重県伊賀市）や甲賀（今の滋賀県甲賀市）には、忍者の集団がありました。

江戸時代になって戦いがなくなると、忍者は全国の情報を集めるためにはたらくようになります。八代将軍徳川吉宗が、忍者を「お庭番」とよばれる身分にして、情報収集をさせたのは有名な話です。

江戸時代が終わると、忍者という仕事は完全になくなってしまいました。しかし最近は、忍者がもっていた高い身体能力や武術、コミュニケーション能力などが見直され、忍者の文化を学ぼうとする人が増えています。

必須アイテム

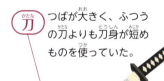

刀
つばが大きく、ふつうの刀よりも刀身が短めのものを使っていた。

忍び装束
頭にかぶる頭巾、手に着ける手甲などで頭や体を守った。黒っぽい色で、姿が目立たないようにした。

脚絆
すそをおさえる。

足袋
歩くときに音がしないように、綿などをつめたともいわれている。

手裏剣
相手に投げつけ、ひるんだすきに、にげるための武器。長いくぎのような形、卍のような形など、さまざまな種類がある。

忍者の工夫

▲甲賀流忍術屋敷（甲賀望月氏本家旧邸）

物をかくしたり、人を見張ったり、にげたりするためのしかけがある。

▲どんでん返し
ただのかべのように見えるが、はしをおすと板がまわり、となりの部屋に移動することができる。

▲刀かくし
床下に刀をかくせるようになっている。敵がせめてきたときにも、すぐに刀を取り出せた。

相手の先を読む！ 伝統の頭脳ゲーム

将棋
Shogi

『ナイトぼっち』

森岡啓資／作
講談社
少年マガジンコミックス
全3巻
©森岡啓資／講談社

天才将棋少女・雪乃藍香にあこがれて、中学で将棋を始めた桂馬一人は、高校の将棋部で仲間とともに全国大会優勝をめざす。

1巻より ©森岡啓資／講談社

ココが名場面

藍香の双子の弟・竜斗と、初心者の一人の対局場面。毎日、藍香の特訓を受けた一人は、とちゅうまで竜斗と互角に戦います。ところが、ある一手によって、一人の流れが悪くなります。
たったの一手で形勢が逆転したり、勝負が決まってしまうこともある、その「たった一手」をさぐり合うところに、将棋のおもしろさがあります。

1巻より ©森岡啓資／講談社

将棋なんでもデータ

これ、なんの数字？　**9時間**

名人戦の持ち時間※。
持ち時間は大会によってちがいますが、一番長いのが名人戦です。

※持ち時間は相手が駒を指し終わってから自分が指し終わるまでの時間。

ニッポン文化再発見！ 将棋ってなに？

相手の王様を取り合うゲーム

　将棋はたて、横9マスの盤の上にならべた20枚ずつの駒（全部で8種類）を、対戦する二人が交互に動かし勝負を争うゲームです。先に相手の「玉（王）将」を取ったほうが勝ちです。

　それぞれの駒は、動かせる方向とマスの数が決まっています。駒を進める先に相手の駒があれば取って自分の駒（持ち駒）にして使うことができます。

　一度駒を動かしたら、指し直しはできません。また、同じ人が2度続けて指したり、パスすることもできません。

　プロの公式戦では持ち時間が決められ、あたえられた時間を消費してしまうと、時間切れで負けになります。

江戸時代に全国に広がる

　将棋の原型は、古代インドの「チャトランガ」というゲームだといわれています。日本にいつごろ伝わったかは諸説あり、はっきりわかっていません。

　平安時代の遺構から駒が出土していることから、そのころにはすでにお坊さんや役人が将棋を楽しんでいたとされています。

　現代のルールに近い将棋が、広まったのは江戸時代です。幕府が芸能として認め、将棋指しに「禄（給料）」をあたえたのです。「名人」の制度もこのころ生まれ、将軍の目の前で将棋を指す「御城将棋」も毎年行われました。参勤交代で江戸に上った武士たちが将棋をおぼえ、自分の所有地にもどっても遊んだことで、全国の武士や町人などにも広まっていきました。

必須アイテム

駒台
相手から取った駒（持ち駒）を置く台。

将棋盤

駒
駒は五角形で、進行方向がわかる。
書かれた文字によっても表裏が区別できる。

棋譜
駒の位置は、将棋盤のたてと横に数字をふって、「3四歩」のように表す。

将棋のルーツと歴史

チャトランガ（古代インド）▶
はじめは4人制だった。
2人制のものが将棋の起源。

▼現存する日本最古の駒
奈良県興福寺旧境内から発見された。11世紀中期のもの。　写真：奈良県立橿原考古学研究所附属博物館

▲「諸芸画[図]将棋」
将棋が広まった江戸時代。さまざまな人が将棋を楽しむ姿がえがかれている。　国立国会図書館蔵

もっと知りたい！ 将棋 Shogi

日本では、年齢・性別に関係なく多くの人々が将棋を楽しみ、プロのしくみも生まれました。
また、盤と駒を使ったいろいろな遊びからも、将棋が生活の身近にあることがわかります。

竜王戦、名人戦を頂点とするプロ棋士の世界

明治の中ごろ、新聞に将棋対局の掲載が始まり、将棋はさらに人々の間に広まっていきました。

昭和の初め、それまでは特定の家の人しかなれなかった「名人」を、実力で決める制度が始まり、新聞各紙が競って棋戦を主催するようになりました。ここから、現在の「プロ棋士」やタイトル戦のしくみができていきます。

「プロ棋士」とは、将棋を指すことを職業としている人のことで、公式戦に参加し、その主催社からの対局料や賞金などを受け取りながら、「竜王」「名人」などのタイトルをめざします。タイトルは竜王、名人、叡王、王位、王座、棋王、王将、棋聖の8つあり、それぞれの座を争うタイトル戦が毎年行われます。プロ以外はすべて「アマチュア」です。

持ち時間の長い対局では、とちゅうで食事休憩もあります。それ以外でトイレなどに立つと、持ち時間が減っていきます。

立会人や記録係

▲第75期名人戦第5局 （左）稲葉陽八段、（右）佐藤天彦名人
一日では勝負がつかないので、対局は二日にわたって行われます。

写真：日本将棋連盟

子どもにも大人にも人気の室内遊戯

将棋の人気は高く、1年に1回でも指す人は全国で500万人以上いるといわれます。将棋とは別の遊び方もたくさんあります。

まわり将棋
「歩」を盤の角に置き、4枚の「金」をサイコロのかわりにしてすごろくのように進む。2～4人で遊ぶ。

山くずし
盤の上に駒の山をつくり、指一本で、音を立てずに駒をぬき取っていく。数人で遊ぶ。

はじき将棋
盤の縁に駒を9枚ずつ立てて、指で自分の駒をはじき、相手の駒を盤の外にとばす。二人で遊ぶ。

はさみ将棋
たがいに駒を進め、相手の駒を自分の駒ではさんで取り合う。二人で遊ぶ。

山形県天童市
人間将棋

日本一の将棋の駒の産地、山形県天童市で毎年行われているイベント。よろいかぶとなどを身につけた人を、将棋の駒に見立て、プロ棋士が実際に対局を行います。

戦国時代、豊臣秀吉が伏見城で人を将棋の駒に見立てて「将棋野試合」を楽しんだという話からきています。

写真：天童市観光物産協会

世界から見てみよう

古代インドの「チャトランガ」が原型といわれるボードゲームは、将棋以外にも世界中にあります。ヨーロッパのチェスや中国の象棋、朝鮮半島のチャンギ、タイのマークルックなどです。

チェス(ヨーロッパ)

8マス×8マスの盤で、それぞれ6種類・16個の駒を使うゲーム。将棋の駒の動きと似た駒が多いが、駒は取り捨てで、引き分けが多くなるのが特徴。

象棋(中国)

中央の、空いたスペースを河界といい、そこを渡れない駒があるなどの特徴がある。

チャンギ(朝鮮半島)

象棋とよく似ているが中央に河界が無い。パスができる。

マークルック(タイ)

将棋の歩にあたる「ビア」の配置場所などが、将棋と似ている。

🌐 上海で人気の将棋

中国には、日本の将棋と同じルーツの「象棋」というゲームが古くからありますが、上海では日本の将棋が大人気です。将棋愛好者が100万人に達し、年々将棋を指す人が増えています。

将棋は上海市内の70を超える小中高校で、課外授業などで取り組まれています。

持ち駒を使えるのは将棋だけ

▲全国大会予選。前王者・鬼雀に持ち駒の銀を使う。(3巻より)
©森岡啓資／講談社

「チャトランガ」が元になっているゲームのうち、将棋以外はすべて駒は「取り捨て」のルールです。自分が取った駒を持ち駒として「再使用」できるルールは現行の日本将棋だけで、この点で、世界中でも類のないゲームになっています。

名人戦にかけた棋士

8つのタイトル戦のなかで名人戦は一番歴史が長く、それだけ権威があります。挑戦者になるだけでも、棋士になってから最短で5年はかかります。

もっと！将棋マンガ

『月下の棋士』

伝説の棋士・御神三吉の孫、氷室将介が、個性豊かな棋士たちと対戦しながら宿命のライバル滝川名人への挑戦をめざす。

能條純一／作　小学館　ビッグコミックスピリッツ　全32巻

©能條純一／小学館

陣地の広さを競う、盤上の陣取り合戦

囲碁
Igo

『天地明察』
原作／冲方丁
（角川文庫）
漫画／槇えびし
講談社
アフタヌーンKC
全9巻
©冲方丁・槇えびし／講談社

渋川春海は江戸幕府碁所・安井算哲の二代目。算術や暦の知識をかわれ、「改暦の儀」の総大将に任ぜられる。

5巻より　©冲方丁・槇えびし／講談社

ココが名場面

会津藩主・保科正之により出され、会津まで出向いた算哲。碁の指導のためによばれたと思っていた算哲ですが、保科は初手を碁盤の真ん中「天元」に打ち、真剣勝負をしかけてきました。
　囲碁は石で囲んだ陣地の広さを競うゲームです。初手を天元に打つとは、保科は何か考えがあるのではと、算哲に緊張が走る場面です。

5巻より　©冲方丁・槇えびし／講談社

囲碁なんでもデータ
これ、なんの数字？　**200手**
1回の対局での平均手数。碁石を一つ碁盤に置いたら一手と数えます。

ニッポン文化再発見！ 囲碁ってなに？

白と黒の石で陣地を取り合う

囲碁は、二人の競技者が、白と黒の碁石を盤上に交互に置いていくボードゲームです。自分の石で囲った部分は自分の陣地となり、最終的により広い陣地を取った競技者が勝ちです。

石は、マス目の中ではなく、線の交点に置きます。競技者は、自分の石で交点を囲ったり、相手の石を囲って取り上げたりすることで、陣地を広げていきます。

最初は、陣地を確保しやすい、盤上の四隅近くに石を打つことが多く、このように計画を立てて石を打ち始めることを布石といいます。

囲碁は、1局（1回の試合）につき、10の300乗（10を300回かけ合わせた数）以上の展開が考えられるといわれます。それほどの数の展開のなかから、もっとも適した手を導き出しながら戦う、奥の深いゲームです。

長い歴史をもつ人気ゲーム

囲碁は、4000年くらい前の中国で生まれたとする説や、インドで生まれたという説があります。昔は、カレンダーや占いの道具として使われていたといわれています。日本へは、今から1300年以上前に伝わったと考えられ、貴族などの間で広まりました。今から400年以上前の室町時代の終わりごろには、碁を打つことを職業とする人々が現れ、江戸時代には庶民の間にも広まりました。

1990年代の終わりごろからは、囲碁を題材にしたマンガやアニメの影響で、より広く、子どもたちにも親しまれるようになりました。

必須アイテム

碁盤
たてと横に19本ずつ線が引かれている。盤上にある大きな黒い点は「星」という。

碁石
先に打つほうを先手といい黒石を使う。後手は白石を使う。

碁笥
碁石を入れる容器。

囲碁のルーツと歴史

◀**木画紫檀棊局**
奈良時代に朝鮮半島から日本の天皇に贈られたと考えられている碁盤。横にはラクダや中央アジア風の文様などがえがかれている。

正倉院宝物

◀**源氏物語絵色紙帖**
平安時代の様子をえがいたもの。貴族の女性が囲碁を楽しんでいる。

京都国立博物館所蔵

41

雅なだけじゃない！　畳の上の格闘技

競技かるた
kyogi karuta

『ちはやふる』

末次由紀／作
講談社
BE・LOVE
1〜36巻（既刊）
©末次由紀／講談社

小学生のとき、転校生・綿谷新によって競技かるたと出会った綾瀬千早。幼なじみの真島太一も巻きこみ競技かるたに熱中していく。

3巻より　©末次由紀／講談社

ココが名場面

千早が、自分の得意札をあえて敵陣に送る（渡す）場面。
　敵陣の札を取ると自分の札を1枚、敵に送ることができます。「必ず自分が取れる」という得意札を、あらかじめ敵に渡しておく、攻めた作戦です。
　自分の札だけでなく、敵陣の札もふくめたかけ引きを考えることも、競技かるたには重要です。

2巻より　©末次由紀／講談社

競技かるたなんでもデータ

これ、なんの数字？　**7首**　百首のなかで最初の一文字目が決まり字になる歌の数。
その文字まで読まれたら取り札が特定できる文字のことを「決まり字」といいます。

ニッポン文化再発見！ 競技かるたってなに？

和歌が書かれた札を取り合うゲーム

競技かるたは、読み札（絵札）と同じ百人一首の和歌（→3巻20ページ）が書かれた取り札（字札）を二人で取り合う競技で、先に自分の前（自陣）の札がなくなると勝ちです。

選手は100枚の字札の中から、25枚ずつ取ってならべます。読み手は、読み札に書かれた和歌を前半の五・七・五（上の句）から読みはじめます。選手は、最後の七・七（下の句）だけが書かれている取り札を取ります。敵より先に取るためには、上の句が読まれている間に、下の句は何かを思い出せるようになるまで練習する必要があります。

敵陣の札を取ったときには、自陣の札を1枚、敵陣に渡すことができます。「お手つき」したときは、敵陣から札を渡されます。

このような勝負をくり返し、先に自陣の札がなくなった選手が勝ちです。

江戸時代に庶民にも広がる

平安時代、和歌や絵がえがかれた2枚の貝のからを組み合わせる「貝覆い」という遊びがあり、これがかるた遊びのルーツの一つといわれています。その後、ポルトガル伝来の「天正かるた」のような札（カード）を使うようになり、印刷技術が進歩した江戸時代の中ごろ、今のようなかるたが広まりました。

そして1904（明治37）年、東京かるた会が、さまざまなかるた遊びのルールを一つにまとめて、現代へとつながる競技かるたを誕生させました。

必須アイテム

読み札（絵札）
百人一首の和歌が一首ずつ、漢字とひらがなですべて書かれている。歌とともに、作者の絵もえがかれている。

基本的な札のならべ方

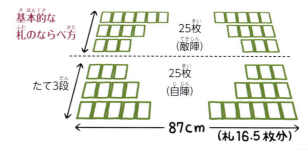

25枚（敵陣）
たて3段
25枚（自陣）
87cm（札16.5枚分）

取り札（字札）
和歌のうち、下の句だけがひらがなで書かれている。

からくれなゐにみづくくるとは

読み手（読手）
決められたリズムや抑揚で、一定の速さを保ちながら、正確な発音で読むことが求められる。
読み手にも、A級、B級、専任などの資格がある。

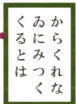

かるたのルーツと歴史

◀**貝覆い（貝合わせ）**
二枚貝のからの内側に紙がはられ、その上に源氏物語などの絵がカラフルにえがかれている。

写真：日本玩具博物館

復元天正かるた▶
16世紀にポルトガルから伝わった、トランプをもとにつくられたかるた。

大牟田市立三池カルタ・歴史資料館蔵

もっと知りたい！競技かるた

日本の伝統文化である和歌を素材にしたことで、かるたは競技かるたとしても発展をとげ、日本独自の文化の一つとなっています。

日本一を決める名人戦とクイーン戦

　全日本かるた協会では、選手の実力に応じて無段から十段までの段位を定めています。さらに、段位によってA級～E級という級位にクラス分けされ、試合が行われます。

　このうち、八段から四段までの選手が属するA級の男性で争うのが、名人戦です。東日本と西日本でトーナメント形式の予選を行い、それぞれの優勝者が名人への挑戦者決定戦を行います。その勝者が名人（前年の優勝者）と戦って、名人位を争います。女性の場合は、同じ方式でクイーン戦が行われ、クイーン（女王）を決定します。

　そのほかに、全日本かるた選手権大会、全国選抜かるた大会、女流選手権など、段位や級位に応じたさまざまな大会も開かれています。

服装
多くの大会で服装は自由だが、一部、和服と決められている大会もある。

▲第56期クイーン位決定戦

札にさわるか、その札を陣地から出せば、取ったことになる。

写真：一般社団法人全日本かるた協会

かるたのいろいろな遊び方

　百人一首かるたには、競技かるたのルール以外にも、さまざまな遊び方があります。

源平合戦
100枚の札を50枚ずつ2つに分け、2チームで取り合う。人数と枚数以外は、競技かるたとほぼ同じルール。

坊主めくり
裏返して積んだ読み札（絵札）を順番にめくり、最後に持っている札の多さを競う。めくった札の絵が男性（殿）なら自分のものにでき、坊主（僧侶）なら持ち札を全部捨てる。女性（姫）なら捨てられた札をもらうことができる。

下の句かるた
下の句を読み、下の句だけが書かれた木製の取り札を取る。おもに北海道で行われている。

群馬県
上毛かるた

　上毛かるたは、群馬県に関する気候や行事、人物などを題材にしたかるたで、1947（昭和22）年につくられました。群馬県では、学校や地域の子ども会などで教わるため、大人から子どもまで幅広い世代に親しまれています。
　毎年2月には「上毛かるた競技群馬県大会」も開かれています。

世界から見てみよう

かるたのように札（カード）を使った遊びをカードゲームといいます。トランプを使うポーカー、コントラクトブリッジ、ジン・ラミーが世界三大カードゲームといわれます。ほかにも闘地主（ドウディージュー）、プリミエラなど、世界にはさまざまなカードゲームがあります。

ポーカー（アメリカ）
5枚のカードで役（特定の組み合わせ）をつくるゲーム。配られたカードの中からいらないカードを捨て、同じ枚数のカードを引くことで役をつくっていく。

コントラクトブリッジ（イギリス）
4人で1枚ずつカードを出し、いちばん強いカードを出した人がもらう。自分の向かいの人とペアを組み、2対2で遊ぶ。

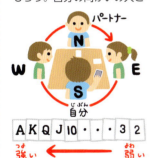

闘地主（ドウディージュー）（中国）
日本の大富豪のゲームと似たルール。トランプを使い、3人で遊ぶ。

タイや中国でも人気の競技かるた

マンガ『ちはやふる』は外国でも発売されたので、その影響で競技かるたに取り組むようになった外国人も増え、各国に愛好会などがつくられました。タイや中国では競技大会もさかんに開かれています。また、日本を訪れて各地の競技大会に出場する外国人もいます。

日本で一番は世界で一番！

▲福井県から来た新は、かるたで日本一になることをめざしている。（1巻より）　©末次由紀／講談社

音を聞いてそれに続く内容が書いてある札を取る、という日本の「競技かるた」のようなゲームは、世界のなかでもめずらしいゲームです。

国文学科で競技かるた！
百人一首は、藤原定家という人が古代からよまれてきた和歌から百首を選んだものです。和歌も日本の伝統文化の一つで、大学で学ぶ人も多くいます。

もっと！競技かるたマンガ
『むすめふさほせ』

女子大に通う百人一首が大好きな十文字若菜。ある日、国文学科の講師から競技かるたのメンバーにさそわれ、熱中していく。

おおや和美／作　小学館　プチコミフラワーコミックス　全1巻

©おおや和美／小学館

ここがスゴイよ！ニッポンの文化大図鑑 総さくいん
【文化名・五十音順】

総70項目
総100作品

- 1巻　芸をみがく・演じる
- 2巻　競う・きたえる
- 3巻　学ぶ・たしなむ
- 4巻　遊ぶ・楽しむ
- 5巻　食べる・くらす

※メインで紹介している作品は太字にしています。

あ

文化名	作品名	巻	ページ
アイドル	『Cue』	1巻	42
	『少年ハリウッド−HOLLY TRIP FOR YOU−』	1巻	45
アニメ	『アニメタ！』	4巻	22
	『ハックス！』	4巻	25
囲碁	『天地明察』	2巻	40
浮世絵	『百日紅』	4巻	14
	『大江戸国芳よしづくし』	4巻	17
おりがみ	『ヤマありタニおり』	4巻	44
温泉	『テルマエ・ロマエ』	4巻	38

か

文化名	作品名	巻	ページ
雅楽	『王の庭』	1巻	28
歌劇学校	『淡島百景』	1巻	41
華道	『ギャル華道』	3巻	14
歌舞伎	『ぴんとこな』	1巻	06
	『國崎出雲の事情』	1巻	09
空手	『ハンザスカイ』	2巻	18
	『てのひらの熱を』	2巻	21
弓道	『ひらひらひゅ〜ん』	2巻	22
	『花に染む』	2巻	25
競技かるた	『ちはやふる』	2巻	42
	『むすめふさほせ』	2巻	45
狂言	『しなやかに傷ついて』	1巻	14
芸妓・舞妓	『紅匂ふ』	1巻	32
	『GEI-SYA -お座敷で逢えたら-』	1巻	35
源氏物語	『あさきゆめみし』	3巻	24
現代短歌	『ショートソング』	3巻	23
剣道	『しっぷうどとう』	2巻	14
	『武士道シックスティーン』	2巻	17
コスプレ	『コンプレックス・エイジ』	4巻	26
骨董	『雨柳堂夢咄』	5巻	43
箏	『この音とまれ！』	1巻	19

さ

文化名	作品名	巻	ページ
茶道	『ケッコーなお手前です。』	3巻	06
	『へうげもの』	3巻	09
侍・武士	『バガボンド』	2巻	30
参勤交代	『つらつらわらじ』	2巻	33
寺院	『住職系女子』	3巻	42
獅子舞	『ししまいガール』	1巻	36
三味線	『ましろのおと』	1巻	20
	『なずなのねいろ』	1巻	23
柔道	『帯をギュッとね！』	2巻	10
	『JJM 女子柔道部物語』	2巻	13
将棋	『ナイトぼっち』	2巻	36
	『月下の棋士』	2巻	39
少林寺拳法	『オッス！ 少林寺』	2巻	26
書道	『とめはねっ！ 鈴里高校書道部』	3巻	10
	『ばらかもん』	3巻	13
神社	『神主さんの日常』	3巻	36
数寄屋造	『数寄です！』	5巻	35

カテゴリ	作品名	巻	ページ
寿司	『将太の寿司2 World Stage』	5巻	10
	『江戸前鮨職人きららの仕事』	5巻	13
相撲	『ああ播磨灘』	2巻	06
	『火ノ丸相撲』	2巻	09
銭湯	『のの湯』	4巻	41
川柳	『川柳少女』	3巻	29
僧侶	『坊主DAYS』	3巻	45
そば	『そばもん ニッポン蕎麦行脚』	5巻	18
	『そば屋 幻庵』	5巻	21

た

カテゴリ	作品名	巻	ページ
宝塚	『すみれの花咲くガールズ』	1巻	38
陶芸	『ハルカの陶』	5巻	40

な

カテゴリ	作品名	巻	ページ
なぎなた	『あさひなぐ』	2巻	28
日本家屋	『さんかく屋根街アパート』	5巻	36
日本酒	『蔵人』	5巻	26
日本神話	『ヤマトタケル』	3巻	34
日本茶	『茶柱倶楽部』	5巻	22
	『茶の涙 −Larmes de thé−』	5巻	25
日本庭園	『君の庭。』	5巻	38
日本刀	『カナヤゴ』	5巻	44
人形浄瑠璃	『火色の文楽』	1巻	30
忍者	『闇月夜行』	2巻	34
能	『夢幻花伝』	1巻	10
	『能面女子の花子さん』	1巻	13

は

カテゴリ	作品名	巻	ページ
俳句	『あかぼし俳句帖』	3巻	26
花火	『玉屋一代 花火心中』	4巻	28
	『刹那グラフィティ』	4巻	31
仏師	『恋する仏像』	3巻	40

カテゴリ	作品名	巻	ページ
盆栽	『雨天の盆栽』	4巻	42

ま

カテゴリ	作品名	巻	ページ
祭り	『ナツメキッ!!』	4巻	32
	『月影ベイベ』	4巻	35
マンガ	『アオイホノオ』	4巻	18
	『バクマン。』	4巻	21
漫才	『The MANZAI COMICS』	4巻	10
	『芸人交換日記』	4巻	13
巫女	『かみさま日和』	3巻	39
宮大工	『かみのすまうところ。』	5巻	32

や

カテゴリ	作品名	巻	ページ
妖怪	『不機嫌なモノノケ庵』	4巻	36

ら

カテゴリ	作品名	巻	ページ
ラーメン	『らーめん才遊記』	5巻	14
	『ラーメン食いてぇ!』	5巻	17
落語	『昭和元禄落語心中』	4巻	06
	『兄さんと僕』	4巻	09

わ

カテゴリ	作品名	巻	ページ
和歌	『超訳百人一首 うた恋い。』	3巻	20
和菓子	『あんどーなつ 江戸和菓子職人物語』	5巻	28
	『わさんぼん』	5巻	31
和楽器	『なでしこドレミソラ』	1巻	24
	『ごにんばやし』	1巻	27
和算	『和算に恋した少女』	3巻	30
	『算法少女』	3巻	33
和食	『蒼太の包丁』	5巻	06
	『じゅんさいもん』	5巻	09
和太鼓	『和太鼓†ガールズ』	1巻	16
和服	『きものがたり』	3巻	16
	『とらわれごっこ』	3巻	19

表紙書影

『ケッコーなお手前です。』みよしふるまち／マッグガーデン
『雨天の盆栽』つるかめ／マッグガーデン
『ちはやふる』末次由紀／講談社
『昭和元禄落語心中』雲田はるこ／講談社
『らーめん才遊記』久部緑郎／河合単／小学館
『ぴんとこな』嶋木あこ／小学館
『あさひなぐ』こざき亜衣／小学館
『バガボンド』I. T. Planning, Inc.

※本書の情報は、2017年12月現在のものです。

スタッフ

イラスト	TICTOC
文	山内ススム
装丁・本文デザイン	オフィス アイ・ディ（辛嶋陽子、土本のぞみ）
DTP	スタジオポルト
校正	村井みちよ
編集制作	株式会社童夢
企画担当	日本図書センター／福田恵

NDC380
名作マンガ100でわかる!
ここがスゴイよ! ニッポンの文化大図鑑
②競う・きたえる
日本図書センター
2018年　48P　26.0cm×21.0cm

名作マンガ100でわかる！ ここがスゴイよ！ ニッポンの文化大図鑑
❷巻 競う・きたえる

2018年1月25日　初版第1刷発行

編集／ニッポンの文化大図鑑編集委員会
発行者／高野総太
発行所／株式会社 日本図書センター
　　　　〒112-0012　東京都文京区大塚3-8-2
　　　　電話　営業部03(3947)9387　出版部03(3945)6448
　　　　http://www.nihontosho.co.jp
印刷・製本／図書印刷 株式会社

2018 Printed in Japan
乱丁・落丁本はお取り替えいたします。

ISBN978-4-284-20410-1（第2巻）